贝贝熊系列丛书
The Berenstain Bears

COOK-IT!

自己做做看

给妈妈做早餐

（美）斯坦·博丹　简·博丹　绘著
Stan & Jan Berenstain
孙志芳等　译

第一时间的启蒙书

现在起床太早了，连农场主本先生的大公鸡都还没有打鸣，而贝贝熊家已经有三个人早早起来，开始行动了。只有熊妈妈还沉浸在睡梦中。

熊爸爸和孩子们打算在熊妈妈生日那天，给她做一顿特别的床上早餐。

你可以在任何一天为自己的妈妈做早餐，因为，每天妈妈都很重要。

当然，爸爸也很重要。最能体现这一点的，就是他可以帮助你为妈妈准备床上早餐。

“嘘——”熊爸爸边说边带着小熊哥哥和小熊妹妹踮着脚尖走下楼梯。孩子们已经穿好了衣服，但熊爸爸还没有，他把衣服拿在手里。

提问：要知道，这顿早餐要给熊妈妈一个惊喜，熊爸爸和孩子们怎样才能既早起准备，又不会吵醒熊妈妈呢？

答案：孩子们自己上好闹钟，然后叫熊爸爸起床。熊爸爸要特别小心，因为他常常弄出响声。

他担心如果自己在卧室里穿衣服，会吵醒熊妈妈。

“嘎——吱——”楼梯发出了响声。

“是第三级台阶发出的声音！”小熊哥哥说。

“你还没把它修好吗？”小熊妹妹说。

趁熊爸爸的脚被绊住的时候，我们一起来看看熊妈妈的特别早餐。

孩子们和熊爸爸想确保这顿早餐是最特别的。他们知道熊妈妈最喜欢的早餐是法式吐司，所以他们在食谱里找到了它的做法。

“先做重要的事，”熊爸爸说，“我们首先要做的一件事就是……”正在这时，熊爸爸被脚凳绊了一跤。

野生蓝莓是熊妈妈最喜欢的浆果，所以他们在头天晚上就采了些回来。

“我看不见了！我看不见了！”熊爸爸的声音闷闷的。他看不见是因为他的背带裤盖在了头上，遮住了眼睛。

“嘘——”孩子们说。

不同的妈妈喜欢不同的东西。由你自己决定为妈妈准备什么样的早餐。

有许多妈妈喜欢先吃点儿水果或者喝点儿果汁。

浆果 橘子 葡萄柚 哈密瓜 橙汁

接着，许多妈妈喜欢吃一些谷物当早餐。

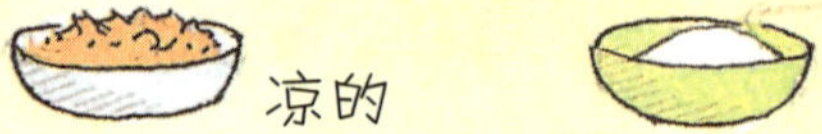

凉的 或热的

这里有你妈妈喜欢的早餐饮料吗？

咖啡 茶 牛奶

“我刚才说到，”熊爸爸边穿衣服边说，“第一件事就是定下菜单。”

你的妈妈也可能喜欢其他一些食物。

重要提示：小熊哥哥和小熊妹妹将为熊妈妈准备法式吐司，但是他们不能动手烹饪。你也不能喔。这就是为什么需要爸爸（或者大哥哥、大姐姐）了。他们不能使用利器，你们也不能。

熊爸爸和孩子们为熊妈妈的生日早餐计划了好几天，孩子们提出了一些有趣的建议。熊爸爸认真地听着，然后不一会儿……

法式吐司（一人份）

2 或 3 片面包

1 或 2 只鸡蛋

一些牛奶

一些盐

1. 将鸡蛋打进碗里，以能没过一片面包为准；

2. 加入牛奶和盐；

3. 将面

他们共同制定出了这份菜单：

他们各自为熊妈妈做了一张特别的生日卡片，但床上早餐是最大的惊喜。

一会儿；

4. 将面包均匀地裹上鸡蛋液；

5. 将面包放入预热的煎锅。一面烤至金黄色后，再翻过来烤另一面；

6. 在面包表面撒上白砂糖，

可以配上蓝莓、蜂蜜、糖浆、果冻或者果酱。

每个人都有分工：小熊妹妹做彩虹瓜球；

小熊哥哥打鸡蛋，做吐司；

熊爸爸把吐司蘸上鸡蛋液，放进平底锅里烤。

彩虹瓜球（一整份）

哈密瓜 1个

蜜瓜 1个

西瓜 1-2个

1. 将哈密瓜对半切开，去籽；

2. 将西瓜籽去掉；

小熊哥哥和小熊妹妹还轮流悄悄回到楼上，看熊妈妈是不是还睡着。起初，这份惊喜能不能成功，取决于早餐能不能在熊妈妈醒来之前做完；而现在，则取决于熊妈妈会不会睡得太久。

3. 用球形勺子挖出各种颜色的瓜球，混和在一起；

4. 怎样挑瓜：用大拇指按住瓜柄一端。如果稍稍“凹陷”，就熟了；如果没有，就还没熟。

“我可以在第三级台阶上多蹦几下。”小熊妹妹说。

“这样把她叫醒可不太好，今天是妈妈的生日呢。”熊爸爸说。这时在上面观察动静的小熊哥哥跑下来，喊着：“她快醒了！她快醒了！”

摘野花：

当然，野花到处都是，什么时候都能找到。春天，有雏菊、金凤花、紫罗兰、矢车菊和许多蒲公英。

大多数妈妈都不怎么喜欢草坪上的蒲公英，但她们喜欢蒲公英作为惊喜，出现在床头早餐桌上。

在夏天和秋天，有
夜来香、野翠菊、“黑眼
苏珊”、“安妮皇后”，

“我们忘了采野花了！”小熊妹妹叫起来。她冲出门，一溜烟儿跑下了台阶，冲进院子里去了。

还有其他许多你叫不出名字的花。你可以从中挑选。

（注意：学会分辨有毒的常春藤，躲开它！）

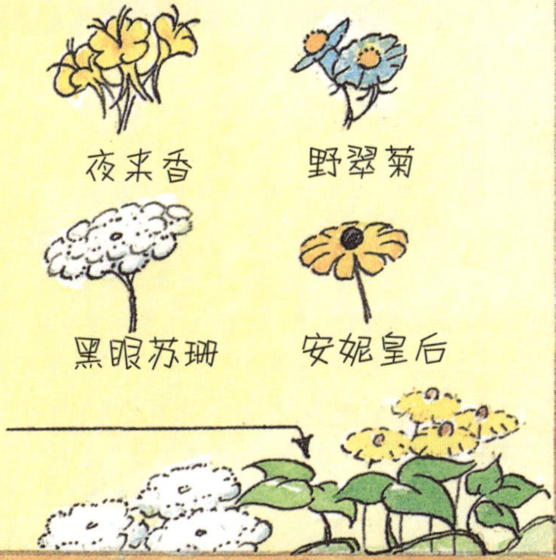

那么在万物凋谢的冬天怎么办呢？只要把你喜欢的野花画出来——越多越好！

快得你还来不及把“黑眼苏珊”念完，小熊妹妹已经发现了一朵大大的野花——旁边还有一个花苞。

小熊妹妹刚刚踏上第一级台阶，农场主本先生的公鸡就开始打鸣了。熊妈妈现在肯定要起床了！

简易床上餐桌：

如果你家恰巧没有床上餐桌，你可以和大人一起用手头的托盘做一个简易的床上餐桌。

你需要：

1. 一只托盘；

2. 一个同样尺寸的硬纸箱；

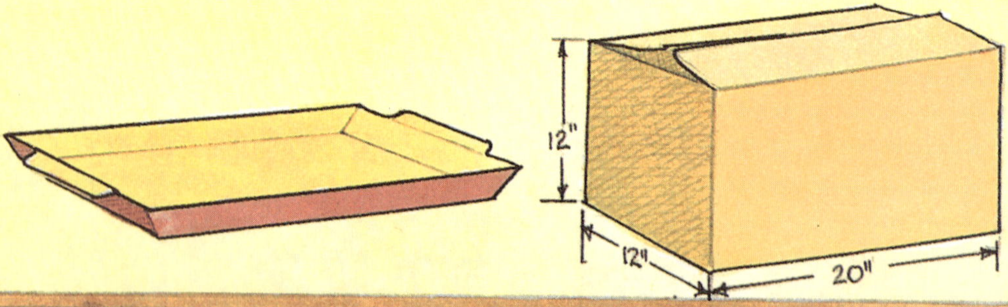

树屋里，熊爸爸正将早餐摆上床上餐桌。“快！”他说。小熊妹妹冲进来，把花插进花瓶里，摆在餐桌上。

他们一起上了楼。

3. 用胶带将纸箱封住，用笔画出要剪掉的部分；

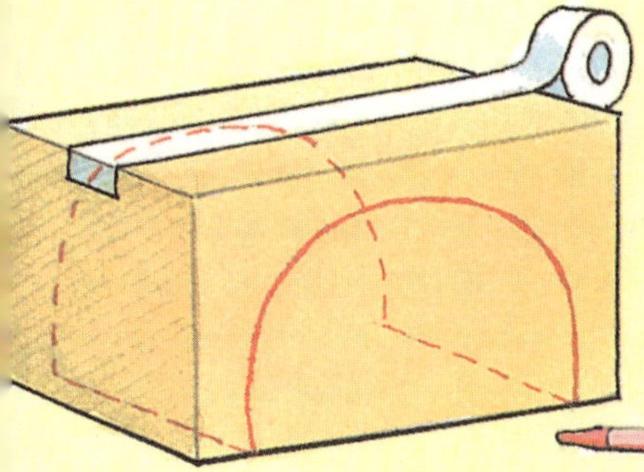

4. 现在请大人帮忙把所有需要剪去的部分剪掉。

"妈妈,生日快乐!"小熊妹妹说。

"妈妈,生日快乐!"小熊哥哥说。

"亲爱的,生日快乐!"熊爸爸说。

一开始,熊妈妈太激动了,激动得几乎说不出话来。终于,她开口说道:"这真是太棒了,我都不知道该说什么才好了。"

如何装饰床上餐桌……

装饰桌子需要：

1. 画画；

2. 贴上贴纸；

3. 铺上纸桌布。

做一个漂亮的纸巾圈儿：

1. 需要一只画好的纸杯；

2. 剪掉上面和底部；

3. 将纸巾卷起放入。

“那就什么也别说，快尝尝吧。”小熊哥哥咧嘴笑着说。熊妈妈照他的话做了。

当妈妈在床上享用美味早餐的时候，我们应该做什么：

1. 面带傻笑地看着她吃东西的样子；

（这确实不怎么有礼貌，但是妈妈们不会介意的。）

2. 轮流讲家里发生过的趣事……

——比如，那次熊妈妈因为孩子们凌乱的房间而大发脾气；

厨房？！

熊妈妈享用完自己的床上生日早餐后，一阵愁云忽然飘到了她的脸上。她想起了厨房。熊爸爸和孩子们都不怎么擅长打扫房间和收拾东西。

——比如，那次小熊哥哥第一眼见到自己的小妹妹时，被她打到了鼻子；

——比如，那次熊爸爸吃了太多的零食，撑破了裤子。

“怎么了？”小熊妹妹问。

“怎么了？”小熊哥哥也问。

“是啊，亲爱的，你怎么了？”熊爸爸问。

“没什么，”熊妈妈回答说，“我只是在担心厨房。”

做饭时，如何保持厨房的整洁

1. 将用完的打蛋器用凉水(热水会把残留的蛋液烫熟)冲干净；

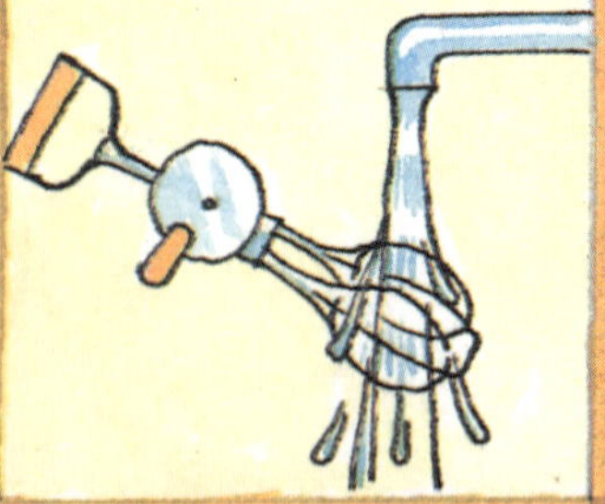

2. 将盛过鸡蛋和牛奶的餐具放入有洗涤液的温水中浸泡，然后清洗、擦干、放回原处；

3. 用报纸或者纸巾处理瓜果，去掉的籽放在瓜皮里；

4. 卷起来，扔掉；

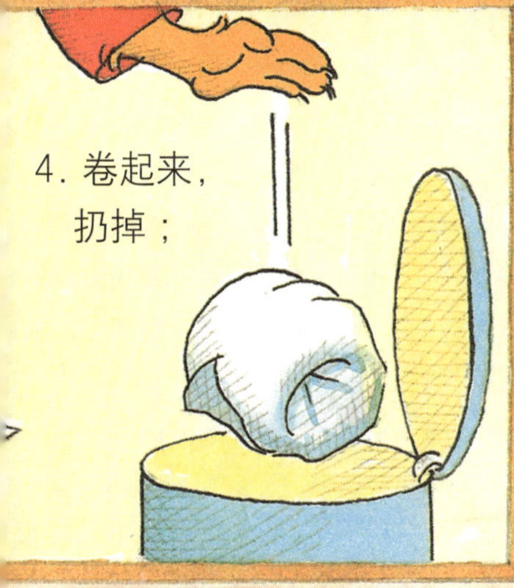

5. 做完饭后，等不粘锅冷却下来，用纸巾将锅擦干净；

6. 用加有洗涤液的温水冲洗锅和铲子，洗刷干净，擦干，放回原处。

但是当熊妈妈下楼来到厨房，她得到了比美味的早餐还要大的惊喜。厨房干净得闪闪发光，所有的东西都井井有条。

现在，介绍一些小朋友能做的

午餐和晚餐

夹一个美味的三明治

做一张超级至尊比萨饼

将

的薯条化开

拌一份漂亮的沙拉

倒好牛奶和果汁

装饰蛋糕和饼干

熊妈妈什么也没说……

闪闪发光的厨房和井井有条的用品，可能是最好的礼物了。

提问：熊妈妈真的对床上早餐感到很意外吗？还是她只是装出惊讶的样子呢？

任何一朵雏菊或者“黑眼苏珊”都能告诉你答案。

Breakfast for mama

1. It was much too early to be waking up. Farmer Ben's rooster hadn't even crowed yet. But three members of the Bear family were already up and moving around. Only Mama Bear was still sound asleep.

"Shh!" said Papa Bear as he and Brother and Sister tiptoed downstairs. The cubs were dressed, but he was carrying his clothes.

2. He was afraid he might wake Mama if he got dressed in the bedroom.

"Squeak!" said the third step.

"That was the third step!" said Brother.

"Weren't you supposed to fix that?" said Sister.

"First things first," said Papa. "And the first thing we have to do is…" That's when Papa tripped over the footstool.

3. "I can't see! I can't see!" said Papa in a muffled voice. He couldn't see because his overalls had flopped over his eyes.

"Shh!" said the cubs.

"As I was saying," said Papa as he got into his clothes, "the first thing we have to do is start fixing breakfast!"

4. Papa and the cubs had been planning Mama's birthday breakfast for a day or two. The cubs had some interesting suggestions. Papa listened politely. But after a while…

they agreed to this menu:

RAINBOW MELON BALLS. FRENCH TOAST W/WILD RASPBERRIES & HONEY. COFEE W/MILD (PLUS SPRIG OF WILDFLOWERS)

And they had each made Mama a special birthday card, but breakfast in bed was going to be the big surprise.

5. Each had a job to do. Sister scooped out the melon balls. Brother beat the eggs and made the toast. Papa dipped the toast and did the hot stove work.

Brother and Sister also took turns sneaking upstairs to see if Mama was stirring. At first, her big birthday surprise depended on her not waking until her special breakfast was ready. But now, it depended on her not staying asleep too long.

6. "I could squeak that third step a few times," said Sister.

"It wouldn't be very nice to wake her like that on her birthday," said Papa. That's when Brother came down from a look-see and said, "She's starting to stir! She's starting to stir!"

"We forgot the wildflowers!" cried Sister. She rushed out the front door and down the steps into the yard.

7. As quickly as you can say black-eyed Susan, Sister found a big one—with an extra bud! Farmer Ben's rooster began to crow as she rushed back up the front steps. Surely Mama would wake up now!

Inside the tree house, Papa was putting the breakfast on a bed tray. "Hurry!" he said. Sister rushed in, put the flower in a jelly jar with water, and added it to the tray.

Up the stairs they all went.

8. "Happy Birthday, Mama!" said Sister.

"Happy Birthday, Mama!" said Brother.

"Happy Birthday, dear!" said Papa.

At first, Mama was so surprised she could hardly speak. Finally she said, "This is so beautiful I don't know what to say."

9."Then don't say anything," said Brother with a grin. "Just eat it!" And that's what Mama did.

As she was finishing her special birthday breakfast in bed, a cloud of worry came over her face. She was thinking about the kitchen. Papa and the cubs weren't always so good about cleaning up and putting away.

10. "What's the matter?" asked Sister.

"What's the matter?" asked Brother.

"Yes, my dear," said Papa. "Is something troubling you?"

"It's nothing important," she said. "I was just wondering about the kitchen."

OH! THE KITCHEN!

11. But when Mama went down to look, she got an even bigger surprise than her wonderful breakfast. The kitchen was sparkling clean and everything had been put away.

12. Mama didn't come right out and say so… but the sparkling clean kitchen with everything put away was maybe the best present of all.

图书在版编目（CIP）数据

自己做做看：英汉对照／（美）博丹（Berenstain,S.），（美）博丹（Berenstain,J.）原著；孙志芳等译 .—乌鲁木齐：新疆青少年出版社，2008.7

（贝贝熊系列丛书）

ISBN 978-7-5371-5849-7

I. 自 ... II. ①博 ... ②博 ... ③孙 ... III. ①英语－汉语－对照读物②儿童文学－故事－美国－现代 IV. H319.4：I

中国版本图书馆 CIP 数据核字（2008）第 116626 号

版权登记：图字 29-2008-11

自己做做看（贝贝熊系列丛书）

（美）斯坦·博丹 简·博丹 绘著 孙志芳等 译
Stan & Jan Berenstain

出 版 人	徐 江	责任编辑	许国萍 刘悦铭
责任校对	余凌燕	技术编辑	李建勋
出版发行	新疆青少年出版社		
社 址	乌鲁木齐市胜利路二巷1号	网 址	http://www.qingshao.net
印 刷	北京盛通印刷股份有限公司	经 销	全国新华书店
开 本	20.5×20.5 1/24	印 张	1.25
版 次	2008年9月第1版	印 次	2010年6月第6次印刷
字 数	3千字	印 数	60001-70000册
标准书号	ISBN 978-7-5371-5849-7	定 价	7.80元

制售盗版必究 举报查实奖励：0991-2317006　　版权保护办公室举报电话：0991-2870331
销售热线：010-84853493 84851485　　如有印刷装订质量问题 印刷厂负责调换

贝贝熊系列丛书 The Berenstain Bears

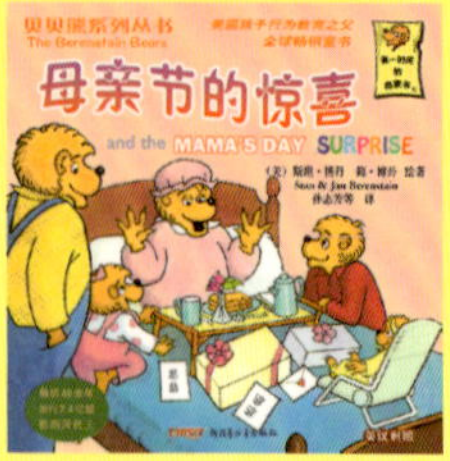

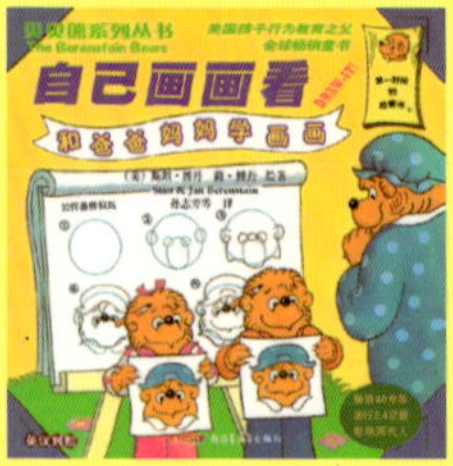

《贝贝熊系列丛书》给为人父母者提供了系统有效的家庭教育方法，对培养幼儿思想、道德品质、交际技巧都大有助益，是可以影响孩子一生的好书！

著名儿童文学博士　王林

今天的父母在教育孩子的过程中常常遇到很多棘手的问题，《贝贝熊系列丛书》中有不少妙语可供我们参考，还有一些高招甚至“损招”可供我们借鉴。

耶鲁大学人类学博士，北京小橡树幼儿园创办人、园长　王甘

日常生活中给孩子讲这样那样的道理，效果总是不理想，有了“贝贝熊”，教育变得生动、有趣起来。小熊兄妹的影响力要比我这个妈妈的“唠叨”有用多了！“贝贝熊”让我的宝贝收获多多，我也从熊爸爸熊妈妈的言行中学到宝贵的教育智慧和艺术。

爱书的妈妈

定价：7.80元

ISBN 978-7-5371-5849-7

9 787537 158497 >